AF258244

G. LACOUR-GAYET

MEMBRE DE L'INSTITUT

LES

PREMIÈRES RELATIONS

DE

TALLEYRAND ET DE BONAPARTE

Décembre 1797 - Janvier 1798

LECTURE FAITE A LA SÉANCE DE RENTRÉE
DE LA SOCIÉTÉ DES ÉTUDES HISTORIQUES
Le 23 Novembre 1916

PARIS

LIBRAIRIE ALPHONSE PICARD ET FILS

82, RUE BONAPARTE, 82

Pour la Bibliothèque Natio[nale]

Paris, 21 mars 1917.

G. Lacour-Gayet

G. LACOUR-GAYET

MEMBRE DE L'INSTITUT

LES

PREMIÈRES RELATIONS

DE

TALLEYRAND ET DE BONAPARTE

Décembre 1797-Janvier 1798

LECTURE FAITE A LA SÉANCE DE RENTRÉE

DE LA SOCIÉTÉ DES ÉTUDES HISTORIQUES

Le 23 Novembre 1916

PARIS

LIBRAIRIE ALPHONSE PICARD ET FILS

82, RUE BONAPARTE, 82

Les Premières Relations

de Talleyrand et de Bonaparte

Décembre 1797 - Janvier 1798

Talleyrand avait été nommé ministre des Relations extérieures le 28 messidor an V, 16 juillet 1797. Avec les victoires éclatantes que remportaient depuis quelques mois les armées de la République, la tâche de la diplomatie était singulièrement aisée : elle n'avait guère qu'à apposer le sceau de l'État au bas de conventions que des généraux avaient déjà scellées du pommeau de leur épée.

Parmi ces généraux, il en était un qui, dans l'espace d'un an, avait dicté presque autant de conventions qu'il avait remporté de victoires : c'était le commandant de l'armée d'Italie, Napoléon Bonaparte. Armistice de Cherasco avec le roi de Sardaigne, du 28 avril 1796 ; armistice de Plaisance avec le duc de Parme, du 9 mai ; armistice de Milan avec le duc de Modène, du 17 mai ; armistice de Brescia avec le roi des Deux-Siciles, du 5 juin ; armistice de Bologne avec le pape, du 23 juin ; convention de Bologne avec le grand-duc de Toscane, du 11 janvier 1797 ; traité de Tolentino avec le pape, du 19 février ; enfin, préliminaires de Léoben, du 18 avril, dictés à l'empereur quand l'armée d'Italie était arrivée au cœur des Alpes et qu'elle n'était plus qu'à vingt-cinq heures de marche de la capitale des Habsbourg. Alors Bonaparte était venu s'établir à Mombello ou Montebello, aux portes de Milan ; de cette résidence princière, à laquelle il avait donné le caractère d'une cour ou d'une capitale, il avait continué à négocier : traité de paix et d'alliance avec la nouvelle république de Venise, du

16 mai ; convention secrète avec la république de Gênes, du 6 juin[1].

Qu'est-ce que pouvait peser la plume d'un ministre des Relations extérieures à côté de l'épée du général Bonaparte? Bien peu de chose en vérité. Mais si cette plume était intelligente, si elle n'était pas gênée par les souvenirs du passé, si elle avait le don de deviner l'avenir, que pouvait-elle faire de mieux que de se mettre au service de cette épée? Pouvait-on la souhaiter plus spirituelle, plus séduisante, plus parfumée d'un encens exquis que dans ce billet de quelques lignes, adressé par Talleyrand à Bonaparte le 24 juillet, huit jours après sa nomination ministérielle ?

« J'ai l'honneur de vous annoncer, Général, que le Directoire exécutif m'a nommé ministre des Relations extérieures.

« Justement effrayé des fonctions dont je sens la périlleuse importance, j'ai besoin de me rassurer par le sentiment de ce que votre gloire doit apporter de moyens et de facilités dans les négociations. Le nom seul de Bonaparte est un auxiliaire qui doit tout aplanir.

« Je m'empresserai de vous faire parvenir toutes les vues que le Directoire me chargera de vous transmettre, et la Renommée, qui est votre organe ordinaire, me ravira souvent le bonheur de lui apprendre la manière dont vous les aurez remplies[2]. »

En savourant ces flatteries d'un tour si délicat, Bonaparte comprit que le nouveau ministre était un autre personnage que son prédécesseur Delacroix ; les Directeurs avaient eu la main heureuse en appelant aux affaires le citoyen Talleyrand, que lui-même jusqu'ici ne connaissait que de nom. Il écrivit au Directoire pour le féliciter de son choix. Il écrivit aussi au ministre ; cette lettre, à ce qu'il paraît[3], était longue, fort obligeante, faite avec soin et de nature à faire deviner à Talley-

---

1. Sur le drapeau de l'armée d'Italie, présenté au Directoire le 10 décembre 1797 (ci-dessous, p. 11), des inscriptions rappelaient la plupart de ces conventions. Voir la *Gazette nationale*, n° du 3 décembre 1797.

2. *Correspondance inédite, officielle et confidentielle de Napoléon Bonaparte avec les cours étrangères, les princes, les ministres et les généraux français et étrangers, en Italie, en Allemagne et en Egypte.* T. IV, p. 80. — Le caractère de cette publication et la date même du tome IV, 1819, ne laissent aucun doute sur la parfaite authenticité de cette lettre et de la suivante : rien n'eût été plus facile à Talleyrand que de les démentir, si elles avaient été inventées.

3. Talleyrand avait conservé, pour qu'elle fût placée à la suite de ses mémoires, cette lettre « assez curieuse » ; mais elle n'a pas été retrouvée dans ses papiers. Talleyrand, *Mémoires*, t. I, p. 259.

rand un homme autre que le Bonaparte qui avait pris position devant l'opinion publique.

Comme il avait dicté les préliminaires de Léoben, Bonaparte dictait, le 17 octobre, le traité de Campo-Formio. Certes il y avait dans ce traité des conditions glorieuses ; toutefois, même pour la cession à la France de la rive gauche du Rhin, tout n'était pas fini. Mais que dire de Venise, qui était livrée à l'Autriche ? La Sérénissime était traitée par la République française comme la Pologne deux ans plus tôt par les monarchies qui l'avaient dépecée. Dans le Directoire, surtout dans les Conseils, il y eut des protestations ; on parla de ne pas ratifier un traité qui rendait la République complice d'un crime [1]. Quel était le sentiment du ministre que cette question intéressait plus que personne ? Il aurait pu adresser au général des félicitations d'une banalité officielle, puisque aussi bien le gouvernement s'était résigné à reconnaître les faits accomplis. Le billet qu'il lui écrivit, le 26 octobre, est un hymne de triomphe ; Talleyrand l'Impassible chantait un cantique d'action de grâces.

« Voilà donc la paix faite, et une paix à la Bonaparte. Recevez-en mon compliment de cœur, mon Général ; les expressions manquent pour vous dire tout ce qu'on voudrait en ce moment. Le Directoire est content, le public enchanté. Tout est au mieux.

« On aura peut-être quelques criailleries d'Italiens ; mais c'est égal. Adieu, général pacificateur ! Adieu. Amitié, admiration, respect, reconnaissance : on ne sait où s'arrêter dans cette énumération [2]. »

« Quelques criailleries d'Italiens » : le mot est à retenir comme oraison funèbre de la République de Saint-Marc. Avec un pareil ministre, Bonaparte comprit que le jour où il serait au pouvoir, il pourrait tout entreprendre et tout oser ; il y avait là un collaborateur d'avenir, qu'il fallait achever de séduire. Il comprit que le ministre venait à lui, qu'il ne cherchait qu'à attacher sa fortune, à lui Talleyrand, à la fortune du signataire de Campo-Formio. Déjà, à travers les distances et sous les formules épistolaires, un attrait instinctif rapprochait ces deux hommes ; ils avaient à peu près tout de différent, l'ori-

---

1. Une estampe en couleur de l'époque représente un aubergiste, qui, sur le seuil de son auberge *A la Paix*, tend la main à un général autrichien et à un général français sur le point de repartir à cheval. La légende porte : « Qui paiera l'écot ? — Tais-toi, c'est la République de Venise. »

2. *Correspondance inédite...*, t. IV, p. 396.

gine sociale, l'âge, la carrière, le tempérament ; mais ils avaient un
point commun : ils ne croyaient qu'au succès, ils étaient dénués de
scrupules. Une sympathie secrète ou, si l'on préfère, un intérêt commun les poussait l'un vers l'autre. Qu'ils aient une occasion de se voir,
de se parler, et ils auront vite fait de lier partie.

Bonaparte n'avait fait que se montrer au congrès de Rastadt. Dans
l'après-midi du 5 décembre, il était de retour à Paris ; il était accompagné de Berthier et de Championnet. Il descendit chez lui, rue Chantereine, aujourd'hui au numéro 60, dans l'hôtel où il avait connu Joséphine et qu'il avait acheté pendant la campagne d'Italie ; il y avait un
jardin, avec un petit pont en bois, appelé modestement, depuis l'année
précédente, pont de Lodi. On sait que trois semaines plus tard, le
29 décembre, l'administration centrale du département de la Seine
donna à la rue où était l'hôtel de Bonaparte le nom de rue de la Victoire. On connaît moins les raisons invoquées ; la première est d'un
républicanisme farouche, mais peu ferré sur les étymologies. Car ce
n'était pas une reine, mais les grenouilles, raines ou rainettes, coassant
dans les marais du voisinage, qui avaient fait baptiser la rue.

« L'administration centrale du département, considérant qu'il est de
son devoir de faire disparaître tous les signes de royauté qui peuvent
encore se trouver dans son arrondissement, voulant aussi consacrer le
triomphe des armées françaises par un de ces monuments qui rappel-
lent la simplicité des mœurs antiques ; ouï le commissaire du pouvoir
exécutif, arrête que la rue Chantereine portera le nom de rue de la
Victoire [1]. »

Le soir de son arrivée, Bonaparte reçut chez lui la visite de Barras ;
et le même soir — qu'on remarque cet empressement — il envoyait à
l'hôtel des Relations extérieures un aide de camp pour demander à
quelle heure il pourrait voir le ministre. Talleyrand fit répondre qu'il
l'attendait ; rendez-vous fut pris pour le lendemain matin, à onze
heures, au ministère. Le ministre fit savoir la nouvelle à quelques personnes de ses relations. Dès dix heures du matin, Mme de Staël, qui
brûlait de voir le grand homme, attendait dans le salon du ministre ;

---

1. Th. Lavallée, *Histoire de Paris*, 1852, p. 312.

avec elle il y avait Bougainville, le célèbre navigateur, et quelques invités. A l'heure dite, on annonçait Bonaparte. Le ministre alla au devant de lui. En traversant le salon, il lui nomma Mme de Staël. Le général fit à peine attention à la fille de Necker ; ou du moins, selon ce qu'elle rapporte elle-même [1], il se borna à lui dire qu'il avait cherché son père à Coppet, et qu'il regrettait d'avoir passé en Suisse sans le voir. Bougainville le retint davantage ; il lui dit quelques mots obligeants.

Voilà donc pour la première fois Talleyrand et Bonaparte en présence. Quel contraste entre ces deux hommes, rapprochés et associés par les hasards de la Révolution ! L'un grand, les cheveux poudrés comme sous l'ancien régime, la figure blême qui rappelait d'une manière frappante les traits de Robespierre, les os saillants, la tête courte, les yeux fixes, le nez retroussé, les lèvres dont les coins tombaient avec une expression de mépris, le cou enveloppé dans une cravate très haute, la taille prise dans une large redingote, le port raide et immobile le plus possible pour dissimuler l'allure clopinante de sa mauvaise jambe, toute sa personne dégageant un air de fatigue et de souveraine indifférence qui le faisait paraître plus âgé que ses quarante-trois ans. L'autre petit, maigre, les gestes brefs et nerveux, le teint olivâtre, de longs cheveux noirs tombant sur le front et sur les oreilles, le visage sévère illuminé par des yeux gris profondément enchâssés sous les paupières, les lèvres serrées, le menton proéminent, la figure volontaire ayant déjà le masque césarien, son être tout entier donnant une impression irrésistible de force et de domination ; il portait l'uniforme de général en chef, il venait de commander l'armée d'Italie, il commandait à présent l'armée d'Angleterre, il n'avait que vingt-huit ans.

« Au premier abord, dit Talleyrand [2], Bonaparte me parut avoir une figure charmante ; vingt batailles gagnées vont si bien à la jeunesse, à de la pâleur et à une sorte d'épuisement. Nous entrâmes dans mon cabinet. Cette première conversation fut, de sa part, toute de confiance. Il me parla avec beaucoup de bonne grâce de ma nomination au ministère des Relations extérieures, et insista sur le plaisir qu'il avait

---

1. Mme de Staël, *Considérations sur la Révolution française*, troisième partie, chap. XXVI.
2. *Mémoires*, t. I, p. 259.

eu à correspondre en France avec une personne d'une autre espèce
que les Directeurs. Sans trop de transition, il me dit : « Vous êtes
« neveu de l'archevêque de Reims, qui est auprès de Louis XVIII. » (Je
remarquai qu'alors il ne dit point du comte de Lille.) Et il ajouta :
« J'ai aussi un oncle qui est archidiacre en Corse ; c'est lui qui m'a
« élevé. En Corse, vous savez qu'être archidiacre, c'est comme d'être
« évêque en France. » Nous rentrâmes bientôt dans le salon qui s'était
rempli, et il dit à haute voix : « Citoyens, je suis sensible à l'empres-
« sement que vous me montrez. J'ai fait de mon mieux la guerre, et de
« mon mieux la paix. C'est au Directoire à savoir en profiter, pour le
« bonheur et la prospérité de la République. » Puis nous allâmes
ensemble au Directoire. »

Bien des drames devaient se passer entre ces deux hommes qui se
sentaient alors indispensables l'un à l'autre ; Talleyrand devait rece-
voir de Napoléon en pleine figure de ces injures qui tuent. Et cependant quand il écrivait, quelque vingt ans après, cette page de ses
Mémoires[1], on sent qu'il subissait encore le charme que le jeune
général avait alors exercé sur lui.

Le Directoire se préoccupait de la réception officielle que le gouvernement devait faire au signataire du traité de Campo-Formio. La
tâche pouvait être malaisée, car la personnalité de Bonaparte, en
dépit ou à cause même de la réserve dans laquelle il affectait de se
renfermer, n'était pas sans donner de l'ombrage aux membres du
Directoire. Barras, qui se vantait d'avoir inventé Bonaparte à Toulon
et au 13 vendémiaire, fut chargé par ses collègues de préparer la
cérémonie, de manière qu'elle ne pût être dangereuse. Il fit venir
Talleyrand et il lui dit[2] : « Ce n'est point le ministre de la Guerre qui
nous présentera Bonaparte, et c'est à vous que je donne la préférence.
Ce n'est point le général, c'est le négociateur de la paix, c'est surtout
le citoyen qu'il faut tâcher de louer et de trouver ici. Je vous le
recommande sous ce rapport. Vous avez du tact : que vos compliments
soient dans ce sens ; mes collègues surtout sont vraiment effrayés,

1. Talleyrand n'a pas commencé ses *Mémoires* avant l'année 1816.
2. Barras, *Mémoires*, t. III, p. 118.

non sans quelque raison, de la gloire militaire : il ne faut pas
l'éteindre, mais l'éclairer, la diriger. — Je sais ce que c'est que les militaires, citoyen Directeur, répondit Talleyrand avec un sourire respec-
tueusement ironique. Je vais me recueillir sur les ordres que vous
m'avez fait l'honneur de me donner, ils seront exécutés ; je vous ai
compris de reste, citoyen Directeur. »

La cérémonie eut lieu le 20 frimaire an VI, 10 décembre 1797 [1].

Ce jour-là, à onze heures du matin, les membres du Directoire exécutif, — Barras, qui avait en ce moment la présidence du Directoire,
Larevellière-Lépeaux, Reubell, Merlin de Douai, François de Neufchâteau, — et les autorités constituées s'étaient réunis au palais direc-
torial du Luxembourg. Les Directeurs portaient le grand costume, aux
couleurs bigarrées [2] : manteau nacarat, c'est-à-dire rouge clair entre
le cerise et le rose, bordé d'or, jeté sur les épaules ; grand col blanc
avec des dentelles ; habit-manteau bleu à revers et à manches, riche-
ment bordé en or sur l'extérieur et les revers ; veste longue et croisée,
blanche et bordée d'or ; écharpe en ceinture, bleue à franges d'or ;
pantalon blanc, le tout en soie ; épée portée en baudrier sur la veste ;
baudrier de couleur nacarat ; chapeau noir, rond, retroussé d'un côté
et orné d'un panache tricolore ; escarpins noirs avec un nœud de
rubans bleus. Talleyrand portait le costume officiel des ministres :

1. La *Gazette nationale* des 22 et 23 frimaire an VI donne le procès-verbal de la
« séance publique » du Directoire du 20 frimaire. — Reproduit dans le *Recueil
complet des discours prononcés par le citoyen Barras, président du Directoire ; par
le général Bonaparte ; par les ministres des Relations extérieures et de la Guerre, et
par le général Joubert et le chef de brigade Andréossy, à l'audience solennelle
donnée par le Directoire, le 20 frimaire an VI, pour la ratification du Traité de
paix conclu à Campo-Formio par le général Bonaparte, et la présentation du Drapeau
de l'armée d'Italie. Accompagné de la Description fidèle de cette fête et des hymnes
qui y ont été chantés.* — A Paris, de l'imprimerie de Marchant, rue Git-le-Cœur.

2. *An 4e de la République française, 1796. Costumes des représentans du peuple,
membres des deux conseils, du directoire exécutif, des ministres, des tribunaux, des
messagers d'État, huissiers et autres fonctionnaires publics, etc. Dont les dessins
originaux ont été confiés par le ministre de l'intérieur au citoyen* GRASSET S.
SAUVEUR ; *gravées (sic) par le cit.* LARROUSSE, *artiste de Bordeaux, connu par ses
talents, et coloriés d'après nature et avec le plus grand soin. Chaque figure est
accompagnée d'une notice historique. A Paris.* — Bibliothèque Nationale : Réserve
Li⁴ 41.

La collection Hennin (département des Estampes de la Bibliothèque Nationale), tome 141, p. 11, contient une gravure à l'eau-forte, anonyme, de 1797,
représentant Barras en grand costume. Elle a pour titre :

« *PAUL BARRAS*, premier du nom, roi de France, de Navarre et de Lombardie,

habit-manteau à revers et à manches, le dessus noir ; les doublures,
les revers, la veste, le pantalon ponceau ; le revers de la veste bleu ;
écharpe en ceinture blanche ; le tout en soie, avec des broderies en
soie de couleur ; chapeau noir, retroussé sur le devant, avec un
panache de trois plumes ponceau ; baudrier noir ; escarpins noirs avec
un nœud de rubans ponceau [1]. On croirait presque voir Méphisto-
phélès sur la scène de l'Opéra.

A midi, une décharge de l'artillerie placée dans les jardins annonça
le commencement de la fête. Le cortège officiel se mit en marche dans
les galeries du palais ; il était précédé d'un corps de musique qui
exécutait « les airs chéris des républicains français ». Il arriva dans la
grande cour, qui avait été magnifiquement décorée pour la circonstance. Au fond, l'autel de la Patrie, avec les statues de la Liberté, de
l'Égalité, de la Paix, et des trophées de drapeaux conquis par l'armée
d'Italie ; en arrière de l'autel, cinq fauteuils pour les membres du
Directoire, des sièges pour les ministres et les membres du corps
diplomatique ; de chaque côté de l'autel, un amphithéâtre pour les
autorités et le conservatoire de musique ; au-dessus de l'autel et de
l'amphithéâtre, une vaste tente ; aux murs de la cour, des tentures
tricolores et des trophées militaires. Dans la cour, aux fenêtres,
partout, une foule immense de spectateurs.

Le Directoire a pris place, les pentarques trônent dans leurs
fauteuils ; le conservatoire de musique exécute une symphonie. Tout

duc de Brabant, comte de Nice, duc de Savoye, prince de Liège, électeur de
Cologne, etc., etc. »

Les armes de Barras sont représentées par une guillotine, timbrée d'une
couronne royale.

Au bas de la gravure on lit ces vers :

> Plus que Néron, *MON VICOMTE* est despote ;
> Se pavanant sous sa rouge capote,
> Ce *ROI* bourreau pérore sur un ton
> Dont rit tout bas le badaud dans sa crasse.
> C'est arlequin, pantalon ou paillasse,
> Contrefaisant les airs *D'AGAMEMNON*.

Voir aussi « Barras en costume de Directeur », dessin de H. Le Dru, reproduit au tome II des *Mémoires de Barras* publiés par George Duruy.

1. « Le tailleur chargé de confectionner ceux (les costumes) des membres du
Directoire et des Ministres est le citoyen Dallemagne, demeurant rue Saint-
Martin près celle Aubry-Boucher. » Lagarde, secrétaire général du Directoire,
à Talleyrand, le 1ᵉʳ Thermidor an V, le 19 juillet 1797. Affaires étrangères :
Turquie, vol. 196, fol. 353.

Bonaparte en l'an V, d'après Guérin.
(Extrait de *La Révolution*, par Armand Dayot.)

Talleyrand, d'après la miniature d'Isabey.

Fête donnée à Bonaparte, au palais national du Directoire de Luxembou
après le traité de Campo-Formio, le **20** primaire an **VI** de la Républiqu
(10 décembre 1797).

(Extrait de *La Révolution*, par Armand Dayot.)

i coup des acclamations éclatent, frénétiques, enthousiastes : « Vive
a République! Vive Buonaparte! Vive la grande nation! » Bonaparte
vient de paraître. « L'enthousiasme augmente, dit le procès-verbal
officiel ; des acclamations unanimes partent de toutes les bouches et
élèvent aux cieux les noms de libérateur de l'Italie et de pacificateur
du continent. Buonaparte s'avance avec calme et modestie. » Il est
accompagné du général de division Joubert, du chef de brigade
Andréossy, du ministre des Relations extérieures, du ministre de la
Guerre, Scherer, et de ses aides de camp. Les chœurs du conservatoire
entonnent l'*Hymne à la Liberté* ; toute l'assistance se lève, les fronts
se découvrent, le refrain guerrier est repris en chœur.

Bonaparte est arrivé au pied de l'autel de la Patrie. Alors Talleyrand
prend la parole.

« Citoyens Directeurs, J'ai l'honneur de présenter au Directoire
exécutif le citoyen Bonaparte, qui apporte la ratification du traité de
paix conclu avec l'empereur. En nous apportant ce gage certain de la
paix, il nous rappelle, malgré lui, les innombrables merveilles qui ont
amené un si grand événement ; mais qu'il se rassure, je veux bien
faire en ce jour tout ce qui fera l'honneur de l'histoire et l'admiration
de la postérité ; je veux même ajouter, pour satisfaire à ses vœux
impatients, que cette gloire, qui jette sur la France entière un si grand
éclat, appartient à la Révolution. » Après quelques mots sur la « grande
nation », sur les « valeureux soldats », sur les « vrais patriotes », il
revient à Bonaparte, pour louer son coup d'œil, sa prévoyance, ses
soudaines inspirations, son art de ranimer les courages, ses traits d'une
audace sublime, son héroïsme. Il s'excuse de vouloir expliquer, « atté-
nuer presque » la gloire de Bonaparte. Il parle de cette « ombrageuse
inquiétude » qui peut se montrer dans « une république naissante ».
Puis, sans transition : « Et quand je pense à tout ce qu'il fait pour se
faire pardonner cette gloire, à ce goût antique de la simplicité qui le
distingue, à son amour pour les sciences abstraites, à ce sublime
Ossian [1], qui semble le détacher de la terre ; quand personne n'ignore
son mépris profond pour l'éclat, pour le luxe, pour le faste, ces mépri-
sables ambitions des âmes communes, ah ! loin de redouter ce que
l'on voudrait appeler son ambition, je sens qu'il nous faudra peut-être
le solliciter un jour pour l'arracher aux douceurs de sa studieuse

« 1. On sait que les poésies d'Ossian sont un des ouvrages que le général Buonaparte lit avec le plus de plaisir. » Note du procès-verbal.

retraite. La France entière sera libre ; peut-être lui ne le sera-t-il jamais : telle est sa destinée. » Quelques mots encore sur les « tyrans des mers » que Bonaparte va châtier, et le ministre a fini.

« L'assemblée entière brûlait d'entendre le héros de l'Italie ; sa contenance simple et modeste contrastait avec sa grande réputation. Chacun croyait le voir commandant à la victoire au pont de Lodi, à Arcole, au passage du Tagliamento, ou dictant la paix à Campo-Formio. »

Le discours de Bonaparte aux Directeurs fut très bref : quelques phrases marquées au coin de l'*imperatoria brevitas*.

« Le peuple français, pour être libre, avait les rois à combattre. Pour obtenir une constitution fondée sur la raison, il y avait dix-huit siècles de préjugés à vaincre... Les deux plus belles parties de l'Europe, jadis si célèbres par les sciences, les arts et les grands hommes, dont elles furent le berceau, voient avec les plus grandes espérances le génie de la liberté sortir des tombeaux de leurs ancêtres... Lorsque le bonheur du peuple français sera assis sur les meilleures lois organiques, l'Europe entière deviendra libre. »

« Un concert d'acclamations s'élève jusqu'aux nues : Vive la République ! Vive Buonaparte ! Vive le général de la grande armée ! Ces cris sont répétés par toutes les bouches et se prolongent dans la place et les rues adjacentes. »

Ce fut ensuite le discours de Barras, dont la prolixité parut ennuyeuse.

« En terminant, le président du Directoire tend les bras au héros de l'Italie, et lui donne, au nom du peuple français, l'accolade fraternelle ; les autres membres du Directoire, cédant aussi au sentiment qui les transporte, se pressent autour du héros, le serrent dans leurs bras et l'embrassent avec émotion. »

Le conservatoire exécute alors le *Chant du Retour*, paroles de Chénier, musique de Méhul. Les Guerriers, les Vieillards, les Bardes et les Jeunes Filles alternent.

LES JEUNES FILLES

Guerriers, votre dot est la gloire.

LES GUERRIERS

Unissons par l'hymen et nos mains et nos cœurs.

LES JEUNES FILLES

Et l'hymen et l'amour sont le prix des vainqueurs.

LES GUERRIERS

Formons d'autres guerriers ; léguons-leur la victoire.

Cependant le chœur répète :

Tu fus longtemps l'effroi ; sois l'amour de la terre,
O République des Français !
Que le chant des plaisirs succède aux cris de guerre.
La victoire a conquis la paix.

Le ministre de la Guerre prend la parole pour présenter Joubert et Andréossi. Celui-ci rapportait au Directoire le drapeau que le corps législatif avait décerné à l'armée d'Italie et dont les plis portaient entre autres les inscriptions suivantes : « 150.000 prisonniers, 170 drapeaux, 550 pièces de siège, 600 pièces de campagne... » Inscriptions glorieuses que nous lirons un jour sur nos drapeaux de la Marne, de l'Yser, de la Somme, de Verdun. Nous les lirons aussi, Monsieur le Ministre et cher Confrère [1], sur les drapeaux de l'héroïque armée du roi Pierre Ier. La campagne de 1914 les avait déjà enrichis de ces noms : le Tser, le Roudnik, la Kolubara. 1916 vient d'ajouter d'autres victoires : Florina, Kajmackalan, Kenali, Monastir. La liste s'augmentera jusqu'au jour où le prince Alexandre aura planté de nouveau les couleurs nationales à Belgrade, sur les pentes du Kalemegdan, face au Danube et à la Hongrie.

Après le *Chant du Retour*, il y eut encore un discours de Joubert, un discours d'Andréossi, une réponse de Barras, l'exécution du *Chant du Départ*. La fête se termina par un banquet où furent portés douze toasts, chacun d'eux étant accompagné d'un chant du conservatoire, et par un bal donné au ministère de l'Intérieur [2].

Bonaparte avait été le héros de la fête du Luxembourg, comme il était déjà le héros de l'histoire ; mais après lui, le personnage certai-

1. Son Excellence M. Milenko R. Vesnitch, ministre plénipotentiaire de Serbie, membre d'honneur de la Société des Études historiques, qui assistait à la séance du 23 novembre 1916, où se fit cette lecture.
2. Le rapport de police de ce jour (Aulard, *Paris... sous le Directoire*, t. IV, p. 487), constate que « toutes les classes de la société, sans aucune exception, ont paru animées de la joie qu'inspirait la circonstance ; tout a présenté l'aspect de la gaîté. Les voies publiques étaient remplies de monde... Cette fête, en un

nement le plus en vue dans cette journée avait été Talleyrand. La harangue du ministre n'avait rien eu de commun avec la phraséologie sonore et assez vide de Barras et des autres orateurs ; de plus, elle avait été un chef-d'œuvre d'habileté à l'égard du Directoire, de flatterie à l'égard de Bonaparte. Talleyrand s'était conformé très adroitement aux indications de Barras ; en Bonaparte il avait loué surtout le citoyen, il avait même affecté de l'appeler ainsi. D'autre part, il avait adressé à Bonaparte les éloges qui étaient le plus de nature à lui plaire et à le servir. De son ton grave, de sa voix forte qui portait, il avait lancé ses dernières phrases sur le sublime Ossian et sur Bonaparte qu'il faudrait peut-être un jour arracher à sa studieuse retraite. Personne n'avait souri et n'en avait eu l'idée.

En rapportant plus tard ce passage [1], Chateaubriand ajoutera avec son ironie méprisante ; « Merveilleusement deviné ! » Mais ne serait-il pas plus juste de dire : Merveilleusement joué ? Depuis son retour à Paris, Bonaparte affichait un véritable détachement de l'opinion publique. Il évitait les endroits fréquentés. Dans sa maison de la rue Chantereine, il ne recevait à peu près personne. S'il dînait chez François de Neufchâteau, c'était pour s'y rencontrer avec Lagrange, avec Laplace, avec Chénier, avec Daunou, pour parler avec eux de mathématiques, de poésie, de droit public [2]. Les militaires ses amis et nommément le général Berthier le représentaient « comme las de tant de bruit et comme enclin à se cacher dans la retraite pour y cultiver les lettres [3] ». Une seule chose paraissait l'occuper, sa candidature à l'Ins-

mot, s'est passée dans le meilleur esprit et sans autre accident que celui dont a été victime un citoyen que son imprudente curiosité avait porté au faîte de l'une des ailes du palais (du Luxembourg), et qui périt d'une chute. » Les *Mémoires* de Bourrienne, t. II, p. 21, rapportent cet accident, où certains virent un présage de la chute du Directoire. — Dans le *Mariage de Figaro*, joué au théâtre Feydeau, un couplet fut ajouté à la louange de Bonaparte.

Boisson-Quency, adjudant général, publia, à cette occasion, une *Ode sur le retour du général Buonaparte*, un *Acrostiche*, un *Madrigal*, un *Sonnet*. L'*Ode* se termine par une strophe au Président du Directoire ; en parlant de Bonaparte à Toulon, l'auteur dit à Barras :

> Tu sus apprécier ce favori de Mars ;
> Tu fus encore depuis sa Minerve et son guide.

1. *Mémoires d'outre-tombe*, édition Biré, t. III, p. 130.
2. *Narrateur universel*, du 24 frimaire. (Aulard, *Paris... sous le Directoire*, t. IV, p. 490.
3. Sandoz-Rollin, ministre de Prusse à Paris, dépêche du 23 novembre 1797. Bailleu, *Preussen und Frankreich von 1795 bis 1807*, t. I, p. 160.)

titut ; l'expulsion de Carnot, conséquence du 18 fructidor, venait d'y laisser une place vacante dans la classe des Sciences physiques et mathématiques, section des Arts mécaniques. Il était l'un des trois candidats proposés par cette classe ; sur quoi Lebrun, qu'on avait surnommé Lebrun-Pindare, avait imaginé ce quatrain[1] :

> Collègues, amants de la gloire,
> Bonaparte en est le soutien ;
> Pour votre mécanicien
> Prenez celui de la victoire.

L'élection, qui était assurée, se fit le 25 décembre ; elle comblait les vœux de l'élu. Suivant le mot de Chateaubriand, il était charmé, « comme un enfant », d'être membre de l'Institut. Les séances de l'Institut n'eurent pas dès lors de membre plus assidu. Quand il assista à la première séance publique qui suivit son élection d'une dizaine de jours, le 4 janvier 1798, l'élite de la société parisienne s'était rendue au Louvre, dans la salle des Cariatides, où l'Institut siégeait, pour apercevoir l'homme du jour[2] ; il était assis entre Lagrange et Laplace, celui-ci son ancien examinateur de sortie à l'école militaire de Paris ; pour l'ancien élève aux cadets-gentilshommes que de chemin parcouru depuis douze ans ! Aussi Talleyrand avait traduit à merveille les sentiments que Bonaparte voulait qu'on eût de lui. A la même époque, le ministre de Prusse à Paris disait du nouvel académicien[3] : « Son goût pour les lettres et la philosophie et son besoin de repos et de faire taire les envieux le mèneront à vivre de retraite et d'amitié. »

Si Talleyrand avait fait d'une manière très adroite dans la cour du Luxembourg le jeu de son ami le général, un mot de lui qui circula alors montre qu'il n'était dupe de tant de désintéressement que dans

---

1. Le *Rédacteur*, du 1er frimaire. (Aulard, *ibid.*, t. IV, p 461.).

2. Une lithographie de Champion représente la « Réception par l'Institut » du nouvel élu, dans la salle des Cariatides. Bonaparte, en uniforme de général, est debout au milieu de ses confrères, qui portent le costume de membre de l'Institut, bicorne, habit, culotte, épée. (Bibliothèque Nationale, Département des Estampes, Histoire de France.) L'auteur de cette composition, qui est d'une époque très postérieure, Restauration ou règne de Louis-Philippe, a commis une erreur en donnant un costume officiel aux membres de l'Institut en 1798. Le costume de l'Institut date seulement de l'an IX, mai 1801. Voir L. de Lanzac de Laborie, « Avant l'habit vert » (*Essais historiques et biographiques*, 1914).

3. Sandoz-Rollin, 3 janvier 1798. (Bailleu, *ibid.*, t. I, p. 167.)

la mesure où il jugeait bon de l'être ou de le paraître. On se rappelle
la dernière phrase de Bonaparte : « Lorsque le bonheur du peuple
français sera assis sur les meilleures lois organiques, l'Europe entière
deviendra libre. » Cette phrase avait fait parler ; n'était-ce pas comme
le premier son de cloche de quelque futur coup d'État ? Il paraît que
Talleyrand s'était borné à dire : « Il y a là de l'avenir [1]. » Le 18 bru-
maire devait prouver deux ans plus tard qu'il avait été un prophète
perspicace.

Le Directoire avait fêté Bonaparte avec l'éclat de ses pompes offi-
cielles. Talleyrand entendit le fêter lui-même, chez lui, dans une
sorte d'intimité fastueuse, dont l'éclat devait être pour celui qui en
serait l'objet un hommage plus sensible que la parade théâtrale du
Luxembourg. Cette réception de Bonaparte par Talleyrand eut lieu le
14 nivôse an VI, 3 janvier 1798.

Le cadre de cette fête était magnifique. C'était le splendide hôtel
Galliffet, construit de 1775 à 1796 par l'architecte Legrand, dont le
talent avait pu se donner librement carrière ; le marquis de Galliffet [2]
lui avait, à ce que l'on dit, donné pour tout programme de construire
un hôtel avec quatre-vingt-dix-neuf colonnes [3]. Dans la rue du Bac, à
peu près au numéro 94 actuel [4], en face du couvent des Récollettes,
s'ouvrait l'accès de l'hôtel ; l'immeuble se trouvait très en arrière,
encadré par les vastes jardins qui s'étendaient de la rue de Grenelle à la

1. Barras, *Mémoires*, t. III, p. 120.
2. Galliffet (Artefeuil, *Histoire de la noblesse de Provence*, écrit Galifet), famille
de Provence, originaire du Dauphiné, dont une branche habitait Paris. Elle
compta plusieurs de ses membres dans l'ordre de Malte ou sur les vaisseaux
du roi.
3. H. Lytton Bulwer, *Essai sur Talleyrand*, traduction G. Perrot, p. 182. —
Bulwer commet d'ailleurs une double erreur, en plaçant l'hôtel rue Saint-Dominique et en disant que son propriétaire était un riche colon de Saint-Domingue.
Le marquis de Galliffet habitait rue Saint-Dominique, et non à Saint-Domingue.
Ancien officier de marine, il avait commandé le *Trident*. Il avait acheté en 1766 le
terrain de son futur hôtel. Voir la notice de J. Vacquier dans l'ouvrage de Contet,
cité ci-après.
4. En 1790, la « maison Galliffet » portait le numéro 471 de la rue du Bac, les
maisons étant alors numérotées par section et non par rue. — On sait que
dans les *calli* de Venise les maisons sont encore numérotées d'après ce
système fort incommode.

rue de Varenne. Au fond d'une seconde cour, un majestueux péristyle avec huit colonnes ioniques de dix mètres de haut formait la façade du principal corps de bâtiment. Sur le côté, un large passage, décoré de vingt colonnes doriques, conduisait au grand escalier, de forme ovale, haut de dix-sept mètres, orné au premier de douze colonnes ioniques, de beaux bas-reliefs d'après les *Métamorphoses* d'Ovide, et éclairé par une coupole. Du côté des jardins, les colonnes ioniques au bâtiment central, les colonnes doriques aux deux bâtiments disposés en ailes, formaient une perspective grandiose. Au premier, de plain pied avec les appartements, quarante colonnes corinthiennes encadraient une galerie longue de trente mètres [1]. Avant d'être terminée, la « maison Galliffet » était devenue une propriété nationale, et le ministère des Relations extérieures s'y était installé à partir de ventôse an II. Restaurée de nos jours avec beaucoup de goût, cette résidence princière est à présent l'hôtel de l'ambassade d'Italie [2].

De « toutes les caresses que Talleyrand faisait à Bonaparte depuis son retour d'Italie [3] », la fête du 14 nivôse an VI fut la courtisanerie la plus habile et la plus galante qu'on put rêver : c'était, en effet, à « madame Buonaparte » que la fête était offerte. Talleyrand, au dire de Barras [4], avait pour principe de « faire marcher les femmes » ; il n'y manqua pas dans cette circonstance, où il mit tout en œuvre pour conquérir, par une galanterie digne de l'ancien régime, les bonnes grâces de la citoyenne épouse du général. Joséphine était arrivée à Paris le 29 décembre ; elle amenait avec elle sa jeune belle-sœur Pauline, fiancée au général Leclerc. La fête fut alors fixée au décadi suivant, et le ministre fit hâter les derniers préparatifs. Menuisier, peintre, fabricant de fleurs artificielles, vitrier-illuminateur, jardinier-fleuriste, chandelier, mouleur et sculpteur, maçon, terrassier, papetier, serrurier,

1. Thiéry, *Guide des amateurs et des étrangers voyageurs à Paris*, t. II (1787), p. 551 ; F. Contet, *Les Vieux Hôtels de Paris*, t. I (1910), planches 23 à 27.

2. Son Excellence M. le marquis Salvago-Raggi, ambassadeur d'Italie, nous a permis de visiter en détail l'hôtel de l'ambassade. Par rapport à la description de Thiéry, l'hôtel offre aujourd'hui deux différences. L'aile droite, sur les jardins, qui devait contenir l'orangerie et la bibliothèque, n'existe pas ; peut-être n'a-t-elle jamais été construite. La galerie du premier étage, de plain-pied avec les appartements de réception, est remplacée aujourd'hui par le cabinet de l'ambassadeur et diverses pièces du service de l'ambassade.

3. Barras, *Mémoires*, t. III, p. 170.

4. *Mémoires*, t. II, p. 417 ; t. III, p. 10.

lustrier, tapissier-décorateur, machiniste, artificier, imprimeur, tous
les corps de métier travaillèrent sous la direction du célèbre architecte
Bélanger, qui avait été l'ordonnateur des fêtes du comte d'Artois;
leurs mémoires furent réglés à 11.926 livres [1]. Qu'on ajoute 801 livres
pour les artistes chorégraphes et musiciens, qu'on ajoute les cachets
des chanteurs qui ne sont pas connus, les gratifications à la police,
les dépenses de bouche qui durent être très élevées : le total représenta
certainement un bon nombre de milliers de francs.

Mais ce fut si beau, si magnifiquement ordonné [2]. Le superbe escalier était tout garni d'arbustes odoriférants ; un orchestre avait été
disposé à l'étage supérieur ; partout, sur les murs, des copies repro-
duisaient les chefs-d'œuvre que Bonaparte avait conquis au delà des
Alpes ; dans un petit temple étrusque, bâti pour la circonstance, on
avait placé le buste de Brutus, qui faisait partie des trophées italiens
de Bonaparte ; dans les cours on avait disposé un camp avec des tentes
et des soldats de toutes les armes, car un appareil militaire convenait
à la circonstance. Le ministre avait invité plus de cinq cents personnes,
et il avait fait bien des malheureuses. « Il fallait se tirer, dit Talleyrand, de ce qu'avaient de trop commun les femmes des Directeurs,
qui, comme de raison, occupaient le premier rang. » On devine que
cette élimination n'avait pas été sans quelque difficulté. Toutes les
élégantes de Paris se trouvaient dans les salons du ministère. « Celui
qui eût été chargé de donner le prix à la beauté, rapporte un invité,
n'aurait eu que l'embarras du choix ; jamais on ne vit une réunion de
plus jolies personnes. » Laure Saint-Martin Permon, un jour duchesse
d'Abrantès, qui avait alors treize ans, y assistait avec sa mère. « Nous
étions mises de même, dit-elle. Une robe de crêpe blanc, garnie avec
deux larges rubans d'argent, dont le bord était lui-même bordé avec
un bouillon gros comme le pouce, en gaze rose lamée argent ; et sur

1. « État des dépenses faites à l'occasion de la fête donnée par le ministre des
Relations extérieures à madame Buonaparte, le 11 nivôse an VI, telles qu'elles
ont été ordonnées à Bellanger, architecte, par le ministre. » Publié par Frédéric
Masson, *Le Département des affaires étrangères pendant la Révolution*, p. 527.

2. *Le Publiciste*, du 17 nivôse an VI, le *Rédacteur*, du 18 nivôse (Aulard, *ibid.*,
t. IV, p. 520-522) ; Talleyrand, *Mémoires*, t. I, p. 260 ; Napoléon I", *Commentaires*,
édition de 1867, t. II, p. 168 ; duchesse d'Abrantès, *Mémoires*, t. II, 1831, chap. VII ;
M"° de Chastenay, *Mémoires*, t. I, p. 331 ; Arnault, *Souvenirs d'un sexagénaire*,
t. IV, 1833, chap. II ; St. Girardin, *Journal et Souvenirs*, t. III, 1828, p. 143 ;
Thiébault, *Mémoires*, t. II, p. 139.

la tête une guirlande de feuilles de chêne, dont les glands étaient en argent. » Tous les invités s'étaient conformés à l'invitation qui leur avait été faite sur la carte même d'invitation [1] : « Vous jugerez convenable, j'en suis sûr, de vous interdire tout habillement provenant des manufactures anglaises. »

C'était l'époque où le goût du grec et du romain faisait fureur dans la mode féminine. Cheveux courts et frisés à la Titus avec des torsades et des bandelettes, robes à la Flore, à la Diane, au lever de l'Aurore, à la Vestale, à l'Omphale, tuniques à la Cérès, à la Minerve, redingotes à la Galathée, cothurnes agrafés avec un gland sur le milieu de la jambe : tout était à l'antique. Pas d'étoffes lourdes et raides, comme le velours, la soie, le satin ; mais des tissus flous, lâches, comme la mousseline, le linon, le crêpe, la gaze, dont la souplesse indiscrète convenait bien au temps des merveilleuses, des « nudités gazées », où les femmes — c'est un mot de l'époque — « faisaient un peu plus que laisser soupçonner leur gorge[2] ».

Sur les cinq Directeurs, Reubell et Larevellière-Lépeaux, qu'on disait peu favorables à Bonaparte, s'étaient abstenus de se rendre à l'invitation du ministre. Barras, François de Neufchâteau, Merlin de Douai l'avaient acceptée ; toutefois ils n'avaient pas mis pour la circonstance leur costume officiel ; cette « inconvenance », suivant le mot d'un témoin, avait été remarquée[3].

Vers dix heures et demie, Bonaparte fit son entrée avec Joséphine. Un silence religieux s'établit : « Le voilà ! c'est lui ! » Il ne portait pas d'uniforme ; Joséphine avait orné les tresses de ses cheveux avec une chaîne de camées. Le général prit le bras d'Arnault, l'auteur de *Marius à Minturnes*, et il entra dans la salle de bal. La valse, depuis peu introduite en France, entraînait les couples dans ses tourbillons ; on dansait aussi une contredanse nouvelle, qu'on appelait la Bonaparte. Mme de Staël était impatiente de prendre sa revanche de l'accueil indifférent du 6 décembre précédent. Elle demanda à Arnault de la présenter au général ; un cercle se forma autour d'eux. « On croyait voir la

---

1. *Gazette Nationale*, an VI, n° 105.

2. Goncourt, *La Société française pendant le Directoire* ; Racinet, *Le Costume historique*, t. VI.

3. Sandoz-Rollin, 3 janvier 1798 (Bailleu, *ibid*, t. I, p. 167) ; St. Girardin, *ibid.*, p. 141. L'article 165 de la Constitution de l'an III faisait une obligation aux membres du Directoire de ne paraître, « soit au dehors, soit dans l'intérieur de leurs maisons, que revêtus du costume qui leur est propre ».

reine de Saba avec Salomon. » Mme de Staël accablait de compliments
Bonaparte, qui restait sur la défensive ; puis brusquement : « Général,
quelle est la femme que vous aimeriez le plus? — La mienne. — C'est
tout simple ; mais quelle est celle que vous estimeriez le plus ? — Celle
qui sait le mieux s'occuper de son ménage. — Je le conçois encore.
Mais enfin quelle serait pour vous la première des femmes ? — Celle
qui fait le plus d'enfants, Madame. » En confirmant cette anecdote
célèbre, les *Commentaires* de Napoléon ajoutent que le futur empereur fit « en souriant » la réponse fameuse qui coupa court à la curiosité impatiente de Mme de Staël. Avec un sourire, la riposte, suivant
la remarque de Sainte-Beuve, au lieu d'être une grosse impolitesse,
n'était plus guère qu'une malice [1]. Toute la soirée Bonaparte se mon-
tra très occupé de Joséphine ; il tenait à passer auprès des invités pour
en être très amoureux et excessivement jaloux.

A onze heures les danses cessèrent ; la musique joua le *Chant du
Départ*. Au milieu d'une haie de myrtes, de lauriers et d'oliviers, les
invités se rendirent dans la salle du banquet. Les femmes seules se
mirent à table, les hommes debout auprès d'elles [2].

C'était chez Talleyrand une sorte de principe de s'enfermer dans le
mutisme, comme il convenait à un diplomate qui tenait à se faire à peu
de frais une réputation d'habileté ; quelqu'un qui le rencontrait
souvent alors à des dîners officiels, rapporte que « le citoyen Talleyrand
lui semblait avoir fait vœu de ne point ouvrir la bouche [3] ». Mais ce
soir-là, debout derrière le siège de Joséphine, il faisait les honneurs
« avec une aisance qui annonçait que les grâces et les plaisirs n'étaient
pas pour le ministre, plus que la politique, des affaires étrangères ».
Bonaparte était à côté de Talleyrand ; il tenait par le bras l'ambassadeur turc, Esséid Ali Effendi, le fameux ambassadeur, qui avait été
quelques semaines plus tôt comme le roi de Paris. Pauvre Esséid Ali !

1. Mme de Staël, qui parle avec assez de détails de ses relations avec Bonaparte
justement à cette époque (*Considérations sur la Révolution française*, troisième
partie, chap. XXVI), ne dit rien de l'incident célèbre. Peut-être y fait-elle allusion
dans cette phrase : « Bonaparte se plaisait déjà dans l'art d'embarrasser, en
disant des choses désagréables. »

2. Les artistes eurent leur couvert mis dans une autre salle, ce qui ne fut pas
sans leur causer un vif mécontentement ; mais Talleyrand avait entendu rétablir
la ligne de démarcation entre les gens de théâtre et les personnages officiels.
Am. Pichot, *Souvenirs intimes sur M. de Talleyrand*, p. 67.

3. Fr.-Y. Besnard, *Souvenirs d'un nonagénaire*, t. II, p. 121.

Il ne se doutait guère, quand Bonaparte affectait envers lui cette intimité flatteuse, de ce que le général et le maître de la maison étaient en train de préparer dans l'ombre ; ce n'était rien moins que l'expédition d'Égypte.

Mais voici les toasts et les couplets. « A la citoyenne qui porte le nom le plus cher à la gloire ! » dit Talleyrand ; ce sont des applaudissements enthousiastes. Laÿs, l'artiste à la voix moëlleuse et tendre, chanta alors ce couplet de Despréaux, qui fut bissé avec transport :

Sur l'air : *Il faut, quand on aime une fois.*

Du guerrier, du héros vainqueur
O compagne chérie !
Vous qui possédez tout son cœur,
Seule avec la patrie,
D'un grand peuple à son défenseur
Payez la dette immense :
En prenant soin de son bonheur,
Vous acquittez la France.

On entendit encore trois chanteurs en vogue, Chéron, Chénard et Dugazon. Le ministre avait proposé de boire à l'heureux succès de la descente en Angleterre : il y eut alors dans l'assistance un mouvement d'indignation patriotique ; mais Dugazon ramena la gaieté, en chantant, sur l'air de *Sultan-Saladin,* des couplets relatifs à la descente, dont le refrain était :

Ce n'est pas, vous pouvez m'en croire,
La mer à boire,
La mer à boire.

Le souper s'acheva ; il était digne « de ces Romains qui avaient conquis l'Asie, comme nous avions conquis l'Italie, et qui ne plaçaient pas non plus leur républicanisme dans la misère ». Les danses recommencèrent ; le bal, plein d'éclat, se prolongea jusqu'à l'aurore. Bonaparte s'était retiré à une heure du matin ; la fête lui avait plu. A Sainte-Hélène, il notait dans ses *Commentaires* qu'elle avait été « marquée au coin du bon goût ». Quant aux femmes des Directeurs, elles ne savaient comment faire compliment à leur hôte pour tant de luxe et d'élégance. « Cela a dû vous coûter gros, citoyen ministre », lui dit

Mme Merlin. — « Pas le Pérou, Madame », reprit Talleyrand avec son sourire de grand seigneur.

⁎

Rue de la Loi (notre rue de Richelieu), au numéro 1243, tout près des boulevards, se trouvait le café Garchy[1]. C'était un rendez-vous très fréquenté par les gens à la mode. « Allez chez le glacier Garchy, dit un journal de l'époque[2] ; c'est là l'école du bon ton et des jolies manières. Vous verrez comme on y voltige, comme on y papillonne ; c'est une fureur. » Tout Paris venait savourer les biscuits aux amandes du célèbre pâtissier et ses « divines glaces qui jaunissent en abricots et s'arrondissent en pêches succulentes ». Chaque soir, les tables d'acajou et les chaises étrusques étaient trop peu nombreuses pour les honnêtes gens qui s'y rencontraient ; par honnêtes gens, entendons les anti-fructidoriens, jeunes gens à collets noirs et à cadenettes, merveilleuses et incroyables.

Dans la soirée du 26 nivôse (15 janvier 1798), une trentaine de gardes nationaux entrent chez Garchy et se font servir des glaces. Ils regardent de travers les personnes présentes, ils les provoquent : une terrible bagarre éclate. Les meubles volent en éclats, les femmes sont insultées et dépouillées de leurs montres, les hommes sont écharpés, un aide de camp d'Augereau est blessé de quatre coups de sabre, le ci-devant marquis de Rochechouart est assommé sur place. La presse officielle s'empressa de dire que l'affaire était de nature politique ; il s'agissait d'une querelle qui s'était élevée entre républicains et émigrés. Pour Bonaparte, il avait manifesté hautement son indignation contre cette scène de vandalisme, de vol, de massacre qui se couvrait du masque jacobin ; d'après lui, elle avait été organisée par la police, et il réclamait énergiquement des poursuites.

Les Directeurs ne demandaient qu'à étouffer l'affaire, qui passion-

1. L'*Almanach du Commerce de la ville de Paris*, pour l'an sixième de la République française, indique : « Garchy, limonadier, rue de la Loi, 1243. — Butte des Moulins. » Cette mention ne figure plus dans l'*Almanach du Commerce*, pour l'an sept. Sans doute, le limonadier Garchy avait fermé boutique, après la bagarre qui avait tout brisé chez lui.

2. Le *Courrier français*, 20 août 1795 (Aulard, *ibid.*, t. II, p. 183). — Goncourt, *La Société française pendant le Directoire*.

naît l'opinion et qui risquait de mal tourner pour le gouvernement ; il fallait avant tout calmer la colère de Bonaparte. Ils dépêchèrent auprès de lui le ministre des Relations extérieures. Talleyrand chercha à expliquer la chose de son mieux. A ses arguments Bonaparte répondit que l'affaire du café Garchy était un « crime atroce », une « expédition de coupe-jarrets[1] ». Un homme d'esprit et du caractère du ministre n'avait pas besoin qu'on l'en convainquît, il était du même sentiment ; mais il avait eu une mission à remplir, il l'avait remplie. L'affaire en resta là.

Une circonstance décisive allait permettre d'apprécier la sincérité du républicanisme de Bonaparte. Le 2 pluviôse, 21 janvier, était l'anniversaire de l'exécution de Louis Capet, qui était fêté chaque année avec toutes les pompes révolutionnaires. Qu'allait faire Bonaparte ? S'il n'assistait pas à la fête, elle courrait le risque d'être dépopularisée ; s'il y assistait, n'allait-il pas attirer l'attention du public plus que les Directeurs ? Grave question, sur laquelle les Directeurs délibérèrent gravement ; ils décidèrent que Bonaparte devait y assister. Mais comment l'amener à s'y rendre ? Car on avait lieu de supposer, surtout après le scandale du café Garchy, qu'il était peu favorable dans le fond à une manifestation de caractère purement révolutionnaire. Talleyrand fut encore chargé de négocier cette affaire délicate. N'était-il pas l'homme tout désigné pour une mission pareille ? Il avait déclaré à plusieurs reprises aux membres du Directoire qu'il était « régicide dans le cœur et qu'il s'était associé à toutes leurs responsabilités révolutionnaires[2] ».

Qu'il fût ou non régicide dans le cœur, Talleyrand employait pour la correspondance officielle les expressions du meilleur style révolutionnaire. Dans une dépêche du 14 janvier 1798[3], il informait Bernadotte, ambassadeur de la République à Vienne, de ne pas donner de passeport au valet de chambre Hue, qui avait accompagné la fille de Louis XVI à Vienne, lorsqu'elle avait été échangée contre des prison-

1. Napoléon Ier, *Commentaires*, édition de 1867, t. II, p. 180. Voir Barras, *Mémoires*, t. III, p. 141-142 ; Aulard, *Paris... sous le Directoire*, t. IV, p. 530-533,
2. Barras, *Mémoires*, t. III, p. 143.
3. Paris, le 25 nivôse l'an 6. Affaires étrangères : Autriche, vol. 368, fol. 47.

niers français. Pour parler de Madame Royale, cette malheureuse princesse qui avait alors vingt ans, les bureaux avaient dit : « la fille Capet. » Au bas de cette dépêche, on lit la signature autographe du ministre : « Ch. Mau. Talleyrand. » L'ancien évêque d'Autun avait mis son nom, sans sourciller, au-dessous du nom de la fille Capet.

Talleyrand se charge donc d'aller entretenir Bonaparte de la fête du 21 janvier; mais Bonaparte accueille très froidement les ouvertures officieuses qui lui sont faites : il n'a pas de fonctions publiques; il n'a personnellement rien à faire à cette fête ; que le jugement de Louis XVI ait été utile ou nuisible, il le tient pour « un incident malheureux » ; les fêtes nationales se célèbrent pour des victoires, mais on pleure les victimes tombées dans la bataille. Talleyrand réplique que la fête est juste, parce qu'elle est politique; elle est politique, parce que les républicains ont toujours célébré la chute de la tyrannie et le meurtre des tyrans, comme à Athènes pour la mort de Pisistrate, à Rome pour la mort des décemvirs ; cette fête est instituée par une loi, à laquelle chacun doit obéissance ; l'influence du général sur l'opinion est telle que sa présence est comme obligatoire, car son absence ne pourra que blesser les intérêts de la chose publique [1].

A eux deux, ils finirent par trouver un *mezzo termine* : le général assisterait à la fête en qualité de membre de l'Institut, au milieu de ses confrères, puisque l'Institut, comme les grands corps de l'État, prenait part officiellement à la cérémonie. Les choses se passèrent ainsi. Le 21 janvier, Bonaparte assista à la fête révolutionnaire, qui fut célébrée dans « l'édifice ci-devant Saint-Sulpice ». Après l'*Hymne à la Liberté*, le président du Directoire, Barras, prononça un long discours et

---

1. Il y a ici une remarque intéressante à faire. Que l'on prenne d'une part les *Mémoires pour servir à l'histoire de France sous le règne de Napoléon*, deuxième édition, augmentée de chapitres inédits, Paris, 1830, au tome II, chapitre xii, « Paris » (chapitre reproduit dans les *Commentaires de Napoléon I*, édition de 1867, au tome II, sous ce titre : « Napoléon et le Directoire ») ; que l'on prenne d'autre part les *Mémoires* de Barras, au tome III, p. 143-144, et l'on trouvera entre les deux récits une concordance frappante. Il y a mieux. Quatorze lignes des *Mémoires* de Napoléon qui donnent les arguments de Talleyrand à Bonaparte, sont reproduites textuellement dans les *Mémoires* de Barras. Par conséquent, Rousselin de Saint-Albin, qui a commencé la rédaction des *Mémoires* de Barras après la mort de celui-ci, c'est-à-dire après 1829 (voir l'introduction de George Duruy au tome I*' des *Mémoires* de Barras), s'est servi sans scrupule des *Mémoires* de Napoléon parus justement en 1830. Le fait est piquant, si l'on se rappelle les sentiments des *Mémoires* de Barras pour tout ce qui touche à Bonaparte.

prêta le serment de haine « à la royauté et à l'anarchie ». Toute l'assistance répéta le serment. Les chœurs exécutèrent ensuite le *Serment républicain*, paroles de Chénier, musique de Gossec :

> Si quelque usurpateur veut asservir la France,
> Qu'il éprouve aussitôt la publique vengeance ;
> Qu'il tombe sous le fer ; que ses membres sanglants
> Soient livrés dans la plaine aux vautours dévorants.

Puis c'est une ode de Lebrun, musique de Lesueur :

> S'il en est qui veuillent un maître,
> De rois en rois, dans l'univers,
> Qu'ils aillent mendier les fers,
> Ces Français indignes de l'être.

Le *Chant du Départ* compléta l'enthousiasme des assistants.

Les *Commentaires* de Napoléon ajoutent un détail qui manque au procès-verbal officiel de la *Gazette nationale*. « Quand la cérémonie fut terminée, la multitude laissa le Directoire sortir tout seul ; elle demeura pour celui qui avait voulu se perdre dans la foule, et fit retentir les airs de : Vive le général de l'armée d'Italie ! De sorte que cet événement ne fit qu'accroître le déplaisir des gouvernants. »

Le 4 février Bonaparte quittait Paris ; il allait faire une tournée d'inspection sur les côtes de la Manche et de la mer du Nord, d'Étaples à Anvers. C'était une satisfaction pour la forme qu'il donnait à l'opinion publique ; car son parti était déjà arrêté dans son esprit : il irait en Égypte. De son côté, Talleyrand s'était remis au travail, dans son somptueux hôtel des Relations extérieures à présent rendu au calme ; il faisait préparer par ses bureaux des rapports au sujet d'une expédition en Égypte ; il allait en saisir officiellement le gouvernement, pendant l'absence même du général ; ainsi celui-ci, à son retour, trouverait le terrain tout préparé. L'heure des affaires sérieuses était arrivée.

G. LACOUR-GAYET.

Contraste insuffisant

NF Z 43-120-14